فهرست

صفت

شهره‌ی عالم بود

یک پرنده

در پرواز

یک کوه

در ایستاده‌گی

یک شیر

در شجاعت

یک صاعقه

در کوبنده‌گی

و یک انسان

در ...

نادانی

تنها در دو مورد

انسان‌های نادان

به خطاکاری خود

اذعان می‌کنند

به‌هنگام مرگ

و آن‌گاه

که

باارزش‌ترین چیزها را

از دست می‌دهند

پایداری

انگشت‌هایم را مشت می‌کنم

مشت‌هایم را یکی

و در کنار تو می‌ایستم

آنسان که تو در کنار یک ملت

و تا سحر این در را خواهیم کوبید

تا سرانجام خورشید در را بگشاید

گذر

مردن

کلمه‌ای‌ست

بی‌مفهوم

اگرچه

دردی

سنگین

آرمان من

آرمان یک دیکتاتور

سکوت برای همه

آرمان یک جلاد

مرگ برای همه

آرمان یک کاهن

بهشت برای همه

و آرمان من

زندگی برای همه

اعتماد

گل به اعتماد زمستان

این‌چنین

پرکنده

آشفته

زار می‌نمود

و درخت با ایمان به تبر

فروخفته در بستر خاک مدفون

و یک جنگل با باور به تو

خودخواهی

آیا

هرگز

در آینه

سعی کرده‌ای

که خود را ببینی

و نتوانی

خودخواهی

آن‌گونه است

نیاز

از دیرباز انتظار تو

در گلوگاه شیران

قلب من

به بازوی آهویی می‌مانست

در جدال و گریز

نفس‌هایم بریده‌بریده در فراق

با تنی لرزان

و چشم‌هایم که جز تو هیچ نمی‌دید

تا تو را در آغوش گرفتم

فراخوانی

اگر تو را به سکوت فراخواندند

سکوت کن

اما یادت نرود

که خشنودی تو

سری را بر دار خواهد کرد

اگر تو را به ریاکاری فراخواندند

تزویر کن

اما یادت نرود

که دورویی تو

خلقی را خواهد سوخت

اگر تورا به خیانت فرا خواندند

آن کن

اما یادت نرود

که پلیدی تو

انسان را خواهد کشت

ایستادن

هرگاه ایستادیم

درو شدیم

همانند گندم‌های دشت‌های گلوگاه

حاصل ایستادن ما

نانی شد برسفره‌ی شما

آری آزادی این‌گونه حاصل شد

ایستادن تا درو شدن

و همواره ایستادن تا درو شدن

آموزش

یک عمر تلاش کردیم

آزادی را بنویسیم

بی آن که آموخته باشیم

آن را فریاد کشیم

درس بزرگ

این‌جا کلاسی است که به‌شما می‌آموزند
چگونه آزادی را بنویسید
لطفا به من بیاموزید
چگونه آزادی را فریاد کشم

مجنون

پیر ما از میخانه پای بیرون گذاشت

با روینه‌ایی از آتش و عشق

سرو و ساغر و ساقی حیرانش

ژولیده چنگ به‌دست سرتاپا مجنون انسان

و همه بر او خندیدند

که سرآمد ما

عاشق و مست و حیران‌ست

از هر خطی بیزارست

و بی‌اعتنایی‌اش به جهان آن‌گونه بود که می‌گفت

که این خلق به چه می‌مانند

به هیچ

بر این رای بود حیران

که دستی به چنگ کشید

پای در گالش حقیقت گذاشت

دل ریشش آرام گرفت

خط انسان پیش گرفت

سفر معما

آفتاب و گذرگاه اسرار

سفر معما

و کاوشگرانی که

هرگز

بازنیامدند

آسایش

دلپذیری آفتاب

ما را بس

که دوری و نزدیکی

هر دو جنون باشد

سرانجام

دست بردم

به باغ هستی

تا گلی بچینم

بهار بود

لختی گذشت

در آینه خود را دیدم

چون شاخه گلی

در دست یاری

به انتظار

شکوه

با آتش می‌خرامند

با تندر هم‌سانند

قدم‌هاشان استوار

با پای‌افزارانی از آهن و پولاد برپا

فراتر از مرزهای ذلت

سر در رای انسان

زره‌ی سینه‌هاشان

شکوفه‌باران فریاد و شوق

هم‌راز پاییز

در پرشکوه‌ترین غروب سال

می‌نوازند سرود آتشین سنبل و لاله را

با ارتعاش سایه‌هاشان

طولانی و بلند

بر دار

کلاغ

در پروازی عاشقانه

بر فراز کوچه و دشت

چون میغی

با نوید باران

پر کشید کلاغی سیاه

تیز و تک‌رو

به‌سان پرستوی سرزمین رویاها

و شب‌سوز نشسته

بر سر راهی

به‌انتظار

اخگری ناکام

در سکوتی مطلق

با خود می‌اندیشم

که پرواز این پرنده را

چه کسی در می‌یابد

در این شب توفانی با موج‌های سرگردان

یا که غارغار خروش و خشم قاصدکش

کدام گوش را با دلی همراه می‌کند

در تکرار صدا و رنگی بی‌مفهوم

در لابه‌لای موجی از آتش

چون ققنوس

می‌سوخت بی آن که جوجه‌ای به بیضه نهد

هنوز توفان سنگین بود

و تقلای رهایی این هدهد بی‌سبب

هردم بی‌رمق‌تر می‌شد

در میان امواج خروشان

تا او را با خود برد

عشق

عشق هالویی‌ست

بر سر کوچه نشسته

تا تو را دریابد

و تا تو به کوچه درآیی

به بن‌بستی تو را برباید

حال

دیروز عمری‌ست که به تو وصال نمی‌دهد

دست حال را باید فشرد

چون فردا بیگانه‌ای‌ست

که نمی‌دانی با تو چه خواهد کرد

تلاش

این موج سر کنده را

پرنده‌ای می‌ماند

که چون پروانه‌ای

دست و دل و جانش

می‌کوبد

برگرفته خارا هوایی سخت

از برای رهایی

آن شمع

آن شمع که ایستاد و نسوخت

کدام شمع بود

آن انسان که بود و نبود

کدام انسان بود

شمعی

در تاریکی‌ها

آن‌جا که سکوت

فرمانروای مطلق بود

و خدا را زهره‌ی فریاد نبود

خورشید روشنی می‌سوخت

و اشک می‌ریخت

شمعی

پشت میله‌ها

دست مرا

توفان دست مرا گرفت

آن‌سان که کوه دست سنگ را

و دریا دست موج را

و من دست تو را

چون دو پر پرواز پرنده‌ای

تا سیمرغ را

در جایگاه آفتاب دریابیم

از سر

خوبی

از سرتاپای

انسان

بالا می‌رود

و انسان

از سرتاپای

بدی

حرفه‌ی من

شاعری حرفه‌ای بی رونق

دردی بی‌دوا

چرایی بی چرا

چون شعر سخنی است گویا

آهنگی جگرخراش

خنجری برنده

حقیقتی تلخ

باور

باور خورشید برین است

که جهان را

گرمی و نور ببخشد

به‌هر قیمتی که باشد

باور بهار

بیدار کردن جهان

به‌هر قیمت که باشد

باور تو چیست؟

یأس

یأس پرنده

به چه می‌ماند؟

به مرگ انسان

که پریده

پرواز

از روان و تنش

چه کرد؟

چه کرد؟

عشق با من

انتظار با تو

عشق با تو

و انتظار با من

دیار گرفتار

از یک دیار گرفتار چه انتظار؟

کودکان نارون

در سایه‌های ابدیت

به گدایی نور

در خود می‌پیچند

ناکام به آرزوهای دور

و نفس‌های تکاپو

همواره در جست‌وجوی ستاره‌ی بخت

سر بر بالین یاس می‌سایند

از یک دیار گرفتار چه انتظار

دیاری مرده

چون خورشیدی

در کسوف

میدان‌هایش

میدان تیر

میدان اعدام

کشتارگاه

میدان چه‌کنم

و سایه‌های حلق‌آویز

از در و دیوار محمدیه

از یک دیار گرفتار چه انتظار

بر بلندای هر برج و بارویی

در اعماق سیاهی هر شب

خفاش

شحنه

جارچی

جار می‌کشد

سکوت و پلشتی را

و فرزندان آذرخش

در انتظار اخگر موعود

پای‌بندان حسرت و درد

در این گیرودار

چه کسی

مرا به میدان انقلاب می‌برد

بیداد

یه روز سیاه

ابری و غمگین

پر می‌کشه

یه مرغ زخمی

از آن سوی شهر

بر سر هر کوی

بر سر هر بوم

پر می کشه

می‌زنه فریاد

داد از این بیداد

با خود می‌خونه

هدهد خسته

بر فراز شهر

از درد شبان

از رنج دهقان

توی خرمنا
توی صحراها
توی کوچه ها
پر می کشه
می زنه فریاد
مایوس و خسته
در پی انسان
توی این جنگل حیرون
بیدا لرزون
سروا محزون
پریای غمگین
روزا رو سر می کنند
تنگ مرداب شبا رو طی می کنند
با همین

آفتاب خسته
با همین
روزای ابری
با همین
غولای وحشت

پشت رو پرده های سیاهی یه
سقف شون آسمون تباهی یه
سرنوشت عا صی شده
دیدن روی سحر آرزوی محالیه
باز تنها می خونه

این آدم‌ها

به مترسک می‌مونند

به درختا می‌مونند

لختی و عورند

تو زمستون

خشک و بی‌پر

توی پائیز

تو تابستون

گرمای بیداد بر سرشون

نای رفتن ندارند
ناله ی غرغرشون
تنها شکستنه
زیر سنگینی برف
زیر سنگینی باد
زیر سنگینی درد
بیایید آی آدما
لنگر یأس رو بشکنید
جاودی حیله و ظلم رفتنیه
این پر پرواز واستون
بردارید پر بکشید
بیداد و آتیش بزنید

کردار

به کوتاهی خنجر

به برنده‌گی شمشیر

در کردار آن‌گونه اگر باشیم

کامیابی را اتحادی سبز

در اعماق جنگل بهار

خواهیم یافت

اجبار

تا نگویند

ما گوش نمی‌کنیم

یا به دستور گلوله‌ای

یا به فرمان طناب داری

یا نوید فرشته‌ای

این فریاد زندگی‌ست

گذرگاه نیاز به بی‌نیازی

بخت

به سرزمین ما

اگر از پی آفتاب می‌آیید

ستاره‌ی بخت خود را

با خود بیاورید

چون این‌جا

همه مایلند ببینند

اقبال چه رنگی‌ست

ناتوانی

روزی ما

بر مرگ

غلبه خواهیم کرد

اما

بر ناتوانی‌های خویش

هرگز

قیامت

قیامت را گرامی باید داشت

چرا که در تمامی آسمان تنها یک تندر

در تمامی دریا یک موج

در تمامی صحرا یک طوفان

در تمامی جنگل یک سرو

و در تمامی شهر تنها یک چراغ مانند توست

قیامت را گرامی باید داشت

روزمره‌گی

به خانه باز آمدم

خسته از مشقت روز با دلی پردرد

سرخورده از آزمون همه‌ی راه‌ها

ابزارهای حرکت را کندم

لباس‌های رزم را درآوردم

دست‌هایم را از اتحاد شستم

آبروی رفته را بر چهره پاشیدم

و بر جایگاه شرمساری لمیدم

وانگاه به تماشای ناتوانی‌های خویش

لختی در آیینه‌ی هزار چهر

شاهد همه‌ی رذالت‌ها شدم

و این بازی هر روز من بود

هنوز

هنوز آهنگری رسوا

در کنج خانه‌ای مغروق

می تراشد خنجری تیز

از برای مرد کاکل‌دار

هنوز آن یار دیرینه

می‌کشد در سر

طرح رویای شفق

از برای مرد تابوتی

کدامیک؟

ماهی بدون آب

پرنده بدون پرواز

انسان بدون آزادی

کدامیک زنده خواهد ماند؟

عدالتخانه

پرسیدم

عدالتخانه کجاست

گفتند

عدالتخانه از بهر محقران‌ست

مگر تحقیر شده‌ای؟

گفت

قرن‌هاست

کوچ پرواز

هنگام غروب است

شام آخر

و نرگس با زلفی آشفته

مشت بر گونه

سر بر شانه‌ی شمعی خاموش

در گذری نژند

به انتظار عزیزان خفته

کوچ پرواز این‌گونه است

...

تعلق

بند تعلق برید
و شلوار رذالت
از فراز ناباورانه‌ی
شرم‌واره‌گی انسان
فرو افتاد
آن‌جا که اندیشه را
گوری‌ست
بی‌همتا
و گورستانی
که انسان

دخمه‌ای را

پیش از رفتن

به تعلق

به شرمساری

اقرار می‌کند

از گذرگاه...

من گل را می‌پرستم

از گذرگاه تیغ باید گذشت

من میوه را می‌پرستم

از گذرگاه زمستان باید گذشت

من آزادی را می‌پرستم

از میدان تیر باید گذشت

چپ

می‌گویند

با خدا

چپ افتادی

و آن‌گاه

از دنده‌ی چپ آمدی

و چپ را بنیان نهادی

مگر حقیفت از آن

تلخ‌تر چه بود

که ما را چپ زایید

آقا پلیسه

آهای آقا پلیسه!

فرق من و تو چیه؟

من واسه یه لقمه نون این‌جام

توام واسه یه لقمه نون

فکر می‌کنی یه عمریه منو اسیر کردی

دیگه نمی‌دونی یه عمریه اسیر منی

وقتی مرخص بشی از زندون

می‌گی یه عمریه تو زندون بودم

می‌گی نه!

بر پدر دروغ‌گو لعنت

آهای آقا پلیسه اینو بدون

من همیشه راه فرار دارم

اما تو هیچ راه فراری نداری

آهای آقا پلیسه

تو از من بدبخت‌تری

چون تو منو می‌پای

اما هیشکی نیست تو را بپاد

زندگی برا من خلاصه شده تو زندون

واسه توام بهتر از این نیست

می‌گی نه!

بر پدر دروغ‌گو لعنت

برباد رفته

چشم‌هایت را می‌بندند

دست‌هایت را به زنجیر می‌کشند

و بی آن که عشق را در حفره حفره‌ی قلب خویش تپیده باشی

جوانیت را

چون قطره‌ای آب

در برابر آهنی تفته می‌سوزند

حلقه‌ی آتش

مشتاق آنم
که آن در
نه!
آن پنجره
نه!
یک‌روزن شاید
کورسویی
به‌روی خلق گشوده شود
به سوته‌دلانی که

چشم می‌بندند

گوش می‌بندند

و از برای تو

با تمام وجود

به حلقه‌ی آتش در می‌آیند

آنان که

وارسته‌ترین

عاشق‌ترین

آزادترین

فرزندان زمینند

تاریخ پوچ

خبرگزاری معروفی بود

یعنی برای همه‌ی ملت‌ها خبر می‌داد

مردم سرسپرده‌ی اخبار بودند

تشنه‌ی جنون کنجکاوی

می‌گفت در دوردست سگی پایش شکسته

افراد نزدیک هم وصله‌ای چسبانده‌اند که این سگ پایش باید شکسته شده باشد

و آن‌کس که پای این سگ بی‌گناه را

که بزرگ‌ترین صفات انسانی را اگرچه انسان دارا نیست با خود همزاد است

شکنچه داده باشد باید به اشد مجازات نایل آید

و آن‌چنان که صاحب سگ می‌گوید

یا باید قصاص شود یا باید به زندان بیفتد

مسئله مردمی شده است

از یک شهر به شهری دیگر

از یک استان به استانی دیگر

سگ شد تاپیک روز

سر فصل تمام روزنامه‌ها

نقل دهان همه‌ی رادیوها و تلویزیون‌ها

بچه‌ی همسایه گریه می‌کرد

که چه شده؟

آه! پای سگی را شکستند

خانمی در ایستگاه قطار می‌گفت

انسان‌ها چقدر بی‌رحم شده‌اند

سگی را شکنجه کرده‌اند

دوستم به من زنگ زد

می‌گفت عجب دنیایی شده

پایش را زیر چرخ ماشین له کرده‌اند

گفتم خدا بد ندهد

گفت نه راجع به خودم حرف نمی‌زنم

پرسیدم پای چه کسی له شده

گفت پای آقای ویلسون

امروز در کلاس ما همه یک دقیقه سکوت کردند

عجب مرد باوفایی بود

آن قدر شجاع و دلیر بود که لب به سخن نگشود

اسم سگ آقای ویلسون بود

رئیس‌جمهور می‌گفت

تجربه‌ی آقای ویلسون درس بزرگی بود برای ما

ما باید این ماجرا را در تاریخ به ثبت برسانیم

تا آینده‌گان درس عبرت بگیرند

و این‌گونه سرنوشت آقای ویلسون در تاریخ رقم زده شد.

پرواز عشق

سبکبال و آرام

رها از هر بند

یادگار مادری پیر را

به‌گردن انداخت

هم‌چنان که به قاب کهنه‌ی یک قرن می‌نگریست

از خود پرسید

چه کسی جز او بر جای بود

_ نسلی در مبارزه_

لختی در آینه خود را دید

نگاهش عقابی پیر را می‌مانست

که درد بی‌بال و پری را

لحظه‌لحظه

در استخوان و پوست

فریاد می‌کشید

حافظ را گشود

«گشته‌ام در جهان و آخر کار »

پرواز عشق

او را با خود برد

به سحر می‌اندیشید

طلوعی دیگرگونه

پنجره‌ی خاطرات را گشود

برف سرتاسر فصل را پوشانده بود

یاد یاران شاخه‌های خشک سرو را می‌نمود

که پاییز برگ‌های سبزش را با خود برده بود

و طوقی هراسان

میان نفس‌های امید و یأس

پرپر می‌زد

صدای طبل‌ها بلندتر

مشت‌ها جان گرفت

خورشید در راه بود

همواره با افقی خونین می‌آمد

بیرق را برداشت

در را گشود

یک ملت

به‌انتظار ایستاده بود

بایستی ...

بایستی که پوست تن را شکافت

و جوانه‌ی آگاهی را

رویاند

تا چون غنچه بر فراز

سر برکشید

و فریاد کشید

آگاهی را

آزادی را

رهایی

من بمانند

قطره‌ای آب

رهاشدنم را

صاعقه‌ای باید

و فریاد تندری

در میان

این حفره‌های تودرتو

وگرنه همیشه

در این زندان تیره‌ی ابر

محبوس

خواهم بود

نجوا

نجوای نسیمی

پاورچین

می‌خواند و آرام می‌آید

در سایه‌های بلند

افتاده بر دیوارهای استوار

شهر

تا در پیچاپیچ

کوچه‌های تاریک و تنگ

طوفانی از فریاد گردد

در هجوم بی‌دریغ نور

بر سرآسیمه خفاش شب

چه‌گوارا

برای ع افشارزاده

چه‌گوارا گفت او

در انسجام

اندیشه‌ای پاک

انسان را

در مفهومی بی‌دریغ

که اگر به‌گوشه‌ای

از این کلاف سردرگم

فریاد زنده‌دلی را

بسیلی سرخ پاسخ گویند

ما آن را بر گونه‌ی خویش

درد خواهیم کشید

اسارت

دنیای من کجاست؟

خانه‌ام کجاست؟

تا پای در قنداق گذاشتم

قنداق‌ها را دیدم

که بر درب‌ها می‌کوبیدند

_ پیام شوم اسارت در بستری کوچک _

در زندان تیره‌ی خوف

من لرزیدن را حس کرده‌ام

در دستان مادر خویش

آن هنگام که یادگار عشقش را

پدرم را

به سرزمین ابر سیاه

جایگاه جلادان می‌بردند

من رود را جریانی از اشک یافتم

بر گونه‌های مادر خویش

از تاریکی درآمدم و در تاریکی تباهی دیگر سوده شدم

_از سیاهی به سیاهی دیگر _

خانه‌ام زندان بود

و تنها دوستانم

شب بود و سیاهی.

و روز تنها خیانتکار بزرگی بود

که مرا چون برده‌ای اسیر

در برابر دشمن آشکار می‌نمود

رودخانه و دریا را

«تا لاب و سیاهی را»

گریزگاه خویش می‌دانستم

گلبرگ و سبزه را

ماه و بنفشه را

خورشید و دریا را

همه و همه را شنیده بودم

و بر دیوار تاریک خانه‌ی عقوبتم

خوانده بودم

صدای رگبار

نغمه‌ی گوشم بود

و تلالو خورشید

برق چشمان دشمن

آن هنگام که مرا به شلاق می‌کشید.

عشقم چون پاییز میوه

بی‌نصیب

گذشت در میان فصول

با آن که طربناکی سرخ داشت

در سینه

در سرم

آه!

که چگونه آتشفشان امید من

_ چون غریوی که در سکوت _

در دل سوده شد

اینک چو عابدان

خسته‌ی پیر

در استمراری ناگزیر

تکیه بر خانه‌ی ابطال

کرده‌ام

با تسبیح دوره‌گرد

گرچه فریاد می‌رسد

از بطن نی‌زار خشک

که ابطال

خود منم.

تندر

بر اوج آسمان دست بردیم

تا از سینه‌ی ابرها شیر بدوشیم

چرا که سزای دلیردلان

این بوم و بر

آن‌چنان شیری است

که زاده‌ی توفان‌هاست

غرش

ای کاش از ابرها می‌آموختیم
غریدن را
آنسان که ایشان
همدل
با آن‌همه تهی بودن
فریاد می‌کشند
حتی در تاریک‌ترین
شب‌ها نیز

یأس

چرا

غروب نفس‌گیر

طولانی‌ست

و آزادی

رویای مومیایی پیری‌ست

که در زندان غبار غم‌بار زمان

شب را

قطره قطره

به انتظار سپیده‌دمی

می‌گرید

این ابر پیر در سودای اخگری

چرا غریو می‌کشد انسان

این حسرت دیرین را

از دیرباز خنجر و خون

چون هشیار در بند

چرا ققنوس خسته‌ی رنجور را

دیگر

پری نیست

پروازی نیست

چرا نیلوفر مرداب را

دیگر نای رستن نیست

و هزار فسرده جنگل وحشت را

دیگر

نوایی نیست

پروازی نیست

بیداری

صدای رعد

هراسناک در را کوبید

من سرآسیمه از خواب جستم

چراغی در دست

ناخودآگاه تا بام رفتم

شبهی نبود

سیاهی

لرزان

با سینه‌ای شکافته

نور می‌ریخت حیران

از دهان و لبش

پای بند

به راهی شیرفروشی دیدم

توفان آهی از نهاد من

برخاست

هر آن‌کس را ...

هرآن‌کس را که زبان نیست

برده‌ای بیش نیست

هرآن‌کس را که گوش

ستمگری‌ست خونریز

و هرآن‌کس را که چشم

سلاخی فرومایه

سرانجام

شب بود

قمر خود را می‌شست

از بندهای قفس

بی آن که پرواز را عبادت کند

صوفی

زمستان پشت زمستان

هر شام

ریاضت می‌خورد

حوا در دادگاه عدالت

محکوم شد

فلسفی می‌اندیشد

لختی گذشت

انسان نوین شد

قمر در آبتنی خویش مرد

صوفی ورزش‌کاری معروف شد

حوا مجنون راهی بیمارگون

بی‌تو

یک شهر

بدون انسان

مرده

یک جنگل

بدون درخت

یک بهار

بدون گل

یک پرنده

بدون بال

و من

بدون تو

بر فراز

آن دار فروریخت

شکست

شرمسار طلوع تو

و تو همواره

بر فراز

اپیکه‌توس

اپیکته‌توس!

درود بر تو شد

و مرگ بر ما

تو سرانجام آزاد شدی

و ما همواره

برده مانده‌ایم

درد

من آمدم

چشم گشودم

جهان پر درد بود

من می‌روم

چشم می‌بندم

جهان

باردارِ درد

سایه

دو چشم

در قفای سر

و سیاهی

تا بیکرانه در برابر

آری

ما

همواره این‌گونه زیسته‌ایم

هیاهو

یک پرنده به‌دنبال پرواز

یک زندانی به‌دنبال آزادی

بی‌گناهی به‌دنبال عدالت

سرگشته‌ای به‌دنبال یار

یک فریاد برای کشیدن

یک مشت برای کوبیدن

شهری برای هیاهو

شکوفه‌ای برای شکفتن

یک دیکتاتور برای رفتن

یک دنیا برای همه

لاعلاج

شهر خالی

انسان‌ها خالی

کوچه‌ها خالی

خانه‌ها خالی

زندگی این‌گونه خالی

درد بیش از این چیست؟

علاجی نیست

تابوت سکوت

خالی نیست

عرش

آجرها هم
مثل آدم‌ها می‌مانند
گروهی به‌روی زمین
دراز می‌کشند
میان سایه‌های
کوتاه و بلند جاودانه‌گی
برخی کنار دیوار همسایه
لم می‌دهند
تن‌آسا

به‌زیر آفتابی

خسته

بی‌رمق

هم‌گام با عصر

در این زمستان

دیرپای

با روزهای کوتاه

و شب‌های سیاه

برخی پلکانی می‌سازند

تا عرش

که بر فراز آن

زنده و شاداب

عاشقان فریاد می‌کشند

دریا دل

موجی خروشان

دریادلی گستاخ

فریادی زنده

سنگفرشی سرخ

و گریه‌های یار

مردی با مشتی گره

شوقی در چشم

تبسمی بر لب

لمیده بر آستان دری چارطاق

با آویزه‌ای بر سینه

از گلوله

یقین

عسل رفته

افروز خفته

امشب طولانی‌ترین سیاهی سال

ققنوس می‌خواند

گویی توفانی در پیش است

و جشن عاشقان را آغازی‌ست

بی‌هنگام

صبح هنگام

پرنده می‌خواند

بر شاخه‌ی بید

مردی با

دو گلوله

بر کتف

لمیده

بر آستان

دری چارطاق

با لبخندی بر لب

پرواز نور

چشمک چراغ

تو

و قلب من

در تباتب ناقوس‌ها

فریاد پنجره‌ها

با پرواز سنگ

و مشت‌ها کوبنده‌تر

باوری‌ست دیرپای

مجالی نمانده

لاشه‌ی شب را

آفتاب همواره

آهسته می‌آید

در امتداد شب

بی‌نژاد

انسان نوین

کوهی از ننگ

چاردست و پا

روی دو پا

تن‌آسا

بی‌نژاد

می‌بینند

می‌گذرند

می‌شنوند

می‌خسبند

انتظار

دستبندی خریدم

نشستم به‌انتظار

پشت این پنجره

آشنایی را می‌بردند

نشانه‌ی آشنایی

بر دست داشت

پاییز برگ

داس‌ها می‌آیند

شهر را درو می‌کنند

آن‌سان که پائیز برگ‌ها را

حقیقتی‌ست تلخ

نپذیرفتنی

مرگبار

و ضجه‌ی مادر

در قیام فرزندش

به هنگام درو

به‌راستی حقیفتی‌ست تلخ

برای انسان نپذیرفتنی

قیام

هنگام ایستادن است

بایسته بایستید

بر دار

که بهای گزافی‌ست

پرداختن

از برای آزادی

غافل

به‌سان درازگوشی

فرمانبردار

بی آن که اندیشه کند

به‌سان خفاشیی

پریش نگاه روی آفتاب

بی آن که حقیفت را بینا باشد

همانند افعی می‌خزد

بی آن که شهد ایستادن را

در پوست و استخوان خود فریاد کند

و هم اوست انسانی دهشت‌بار

که چشم می‌بندد

همواره می‌خزد

بی آن که اندیشه کند

غرور

رگبار
درو می‌کرد
جوانه‌های بید را
در شالیزار عشق
رگبار
درو می‌کرد
صف عاشقان را
در سحرگاهی خونین
رگبار
درو می‌کرد
غرور و غیرت را
در میدان آزادی

فرار

از خانه گریزان شدم

سقف آسمانش کوتاه

شبش طولانی

فضا غم‌بار

کتابی بر رف

به‌زیر غبار فراموشی

و افیونی که مرا آزاد نمی‌گذاشت

سال‌هاست

قرن‌ها گویی

که حسادت در شیروانی

ننگ و نفرت در نشیمن

چراغ‌ها حلق‌آویز

زنگار نحس

آویزان از دیوار خبرچین

و رسوایی من

در این آینه بی‌حد

از خانه گریزان شدم

زندگی

اگر بود

دلگیر

خنده

اگر

پر درد

نهار بشقابی از گرسنگی

شام مبارزه با ایمان

از خانه گریزان شدم

مجنون حیاطش لرزان

گل تیغ می‌خندید

ترس تنهایی مرا می‌کشت

در راهروهای غبارآلود آفتاب و غروب

یک همدل نبود

که تا پای جان با من باشد

مفهوم غریبی‌ست

رفیق

از خانه گریزان شدم

عشق و ناموس و حسرت را

در صندوقچه زیر بغل گذاشتم

و از خانه

از محبس

گریزان شدم

سربداران

واژه‌ها را

به‌میدان تیر

فراخواندند

تنها

دلاوری

شجاعت

و

آزاده‌گی

آمدند

برده‌گی

نمی‌دانم کدامین قرن بود

به هر روی فرقی نمی‌کند

ستمی دیرینه بود

شمشیری کشیدم

میان انسان و برده‌گی

و آن‌سان که فرود آمد

انسان به‌دونیم شد

هر دو سهم

برده‌گی بود

امروز برای ...

امروز برای رفته‌ای

می‌گریم

فردا

می گریم

که

چرا نرفت

برنایی

کودکی

و

مشقی

و

چمباتمه‌ای

دیکته‌ای

و

دیوار مدرسه‌ای

جوانی

و

برنایی

و

مشقی

بر سنگفرشی

جلادی

و

خونابه‌ای

و

فریادی

و

کلاسی خالی

در انتظار

مشقی

مبارک باد ...

مبارک باد آزادی

پیامی بود

که رگبار

بر دیوار می‌نوشت

آن‌سان که تو

فرو می‌لغزیدی

به‌سان ماهی

در جویبار خون

و این نوید

چون موجی

به‌آسمان

بلندتر

به‌آمال

نزدیک‌تر می‌شد

غربت

هنگام مرگ

دلم برای واژه‌ها

تنگ می‌شود

آن که به من حیات می‌دهد

آن‌که به من حرکت

و آن که مرا به قیام می‌خواند

بازمانده‌های ویران

گرگ‌های قدرت

مردم بی‌جوش

پیرمردان ستمکار

جوانان پاک

مرشدان حیله‌گر

دسته‌های بی‌هدف

شاعران بی‌درد

نویسندگان رسوا

غارتگران خون‌ریز

فوج‌های دردمند

نیت‌های ناپاک

بازمانده‌های ویران

ناکام

پشت پنجره تو را می‌بینم
اگرچه فرسنگ‌ها دوری
از من
از دنیای من
به‌سان خورشیدی در غروب
دیروز را با گرسنه‌گی
پشت سر گذاشته‌ای
امروز خفته‌ای سیر
در بستر مرگ

خوی

بامن مگو آزادی چیست

با کدام خط می‌نویسند

و با کدام زبان می‌گویند

یا در جشن عاشقانه‌ی کدامین رادمردی چون صفیر

از دهان هر شیری برمی‌خیزد

یا نغمه ی تپش کدام سینه است

به‌هنگامی که با صدای گلوله‌ای خاموش می‌شود

باری با من مگو آزادی چیست

با من بگو چگونه خوی آزادی گرفته‌ای

خوی آزاد آمدن

خوی آزاد زیستن

و خوی آزاد رفتن

بعد ششم

آن که می‌ایستد

و آن که می‌دود

نابخردانه به‌دنبال بعد ششم

هر دو در انتظار

رنجی ابدی

به‌سان خرگوشی و درختی

در انتظار تیری و تبری

عددی

و تو فریاد زدی

عقربه!

و من به ساعت خویش نگاه کردم

هنگام نیش بود

زمانه‌ی شمشیرها

که به‌هرسو می‌تاختند

در این صفحه‌ی بی‌سامان

تا عددی سر بلند نکند

وحدت

تا شب هست

تاریکی هست

تا تاریکی هست

خفاش هست

تا خفاش هست

وحشت هست

تا وحشت هست

آزادی نیست

خورشید و ماه را

وحدت نیست

آزادی نیست

ستم

می‌گویند مادرم انقلابی بود

حتی زمانی که مرا داشت

فردی دوستار بشر

صداقتی به‌پاکی آتش

به‌روانی آب

من هم با او

به‌زندان رفتم

هفت‌ماهه بود

از اهالی رشیدترین فرزندان زمین

رشید بود به‌خاطر من

به‌خاطر نسلی که سوخت

من شاهد بودم

رذیلتی نبود که ندید

هفت مرحله‌ی ریاضت را کشید

تا کامل شد

من نمی‌دانم خدا با او چه گفت

اما می‌دانم هرچه به او گفتند

دروغ بود

این‌جا سقف هرروز کوتاه‌تر می‌شد

دیوارها تنگاتنگ هم سایه‌ی مردی را می‌کشند

و شحنه در سیاهی هرزه‌گی می‌کرد

این‌جا

برای جلاد خانه‌ی ندامت

برای آن روحانی چهارچوب تکوین

برای مادرم زندان مرگ

و برای من اسارت دو چندان بود

من هرگز به‌دنیا نیامدم

چرایش داغی بود بر سینه‌ی مادرم

این تنها یک خواب بود

خوابی دردناک

برای من که می‌گویم

برای آنان که خود دیده‌اند

و برای تو که می‌شنوی

جشن دکتری

امروز جشن شادباش دکتری من بود

کلاهی گشاد برسرم

با زنگوله‌ای آویزان از آن تا پیدا کردنم آسان باشد

و رساله‌ای به‌زیر بغل

با عبایی از حماقت بردوش

با سرافکنده‌گی اسارت را پذیرفتم

از خاک

از خاک

از باد

از آب

یا از آتش

از کدامیک

این‌همه شرارت

برمی‌خیزد

که از ترکیب ایشان

که تو باشی

ندا

ندای که بوده‌ای
که اینگونه
در بالین خون خفته‌ای
از برای آزادی
چونان ققنوس
در میانه‌ی آتشها
آغشته
به دردهای بیکرانه‌ی ما

***

ندای که بوده‌ای
ندای تندر و ناقوسهای زنده‌ی توفانها
ندای آتش و" فریادهای عاصی آذرخش"

***

ندای رسای رهایی

به هیئت آفتابی در برابر ما
پروازت را به خاطر سپرده‌ایم
و این موج را
دیگر سر بازایستادن نیست
تا ساحل امن

اخگر

شبی پر موج فریاد

چشمها حیران

به هیئت کوهی آهنگین

نشسته بر زورقی ناپای

هرآنسان پارو می کشند

بر مرداب وحشت هردم

در گریز از خفاش

به اعماق سیاهی

به هیچ رنگی نمی ماند این شب

چه می دانم

که این سرو است یا تلاجن

با خود می گفت هدهد

دست یازیدنش را توفیری هست آیا ؟

هر آینه سحر نزدیک است

با خود می اندیشید برزو

اگر این اخگر

بیدار ماند

تا صبح

آذرخش

دلت را

به آتش بسپار

دست

به تندر

سر

به آذرخش

و فریادت را

به توفان

و آنگاه

دلیرانه یارآن را دریاب

که چه غریبانه

پرپر میکنند

سر و دست و دل

در برابر بیداد

از برای آزادی